解读德鲁克

卓有成效的
个人管理

Drucker Sayings On Individuals

[美] 彼得·德鲁克 著
[日] 上田惇生 编
杨剑 译

机械工业出版社
CHINA MACHINE PRESS

图书在版编目（CIP）数据

卓有成效的个人管理/（美）德鲁克（Drucker, P. F.）著，（日）上田惇生编；杨剑译．—北京：机械工业出版社，2014.1（2025.12重印）
（解读德鲁克）
书名原文：Drucker Sayings on Individuals
ISBN 978-7-111-45189-1

Ⅰ.卓… Ⅱ.①德… ②上… ③杨… Ⅲ.德鲁克，P. F.（1909—2005）-企业管理-组织管理学-语录 Ⅳ.F272.9

中国版本图书馆CIP数据核字（2013）第298053号

北京市版权局著作权合同登记 图字：01-2013-8267号。

Peter F. Drucker. Drucker Sayings on Individuals.
Copyright © 2003 by Peter F. Drucker.
ISBN 4-478-33103-0
Chinese (Simplified Characters only) Trade Paperback Copyright © 2014 by China Machine Press.
This edition arranged with The Peter F. Drucker Literary Trust (D)/ Drucker 1996 Literary Works Trust through Big Apple Agency, Labuan, Malaysia.
This edition is authorized for sale in the Chinese mainland (excluding Hong Kong SAR, Macao SAR and Taiwan).
No part of this book may be reproduced or transmitted in any form or by any means, electronic or mechanical, including photocopying, recording or any information storage and retrieval system, without permission, in writing, from the publisher.
All rights reserved.

本书中文简体字版由The Peter F. Drucker Literary Trust (D)/ Drucker 1996 Literary Works Trust通过Big Apple Agency, Labuan, Malaysia授权机械工业出版社在中国大陆地区（不包括香港、澳门特别行政区及台湾地区）独家出版发行。未经出版者书面许可，不得以任何方式抄袭、复制或节录本书中的任何部分。

卓有成效的个人管理

[美] 彼得·德鲁克（Peter F. Drucker） 著

出版发行：	机械工业出版社（北京市西城区百万庄大街22号 邮政编码：100037）
责任编辑：	张　昕　　　责任校对：董纪丽
印　　刷：	北京建宏印刷有限公司
版　　次：	2025年12月第1版第22次印刷
开　　本：	130mm×185mm　1/32
印　　张：	6.375
书　　号：	ISBN 978-7-111-45189-1
定　　价：	49.00元

客服电话：(010) 88361066　68326294

版权所有·侵权必究
封底无防伪标均为盗版

Drucker Sayings on Individuals

20世纪最具影响力的事件是批量生产革命。第二次世界大战之后，批量生产革命以质量管理（QC）革命的形式迎来了它的鼎盛时期。批量生产革命的本质在于设计出使个人生产率最大化的系统，这其中的主体是系统而非个人。

现在，我们正处于性质完全不同却同样重大的革命最高潮时期。知识成了生产手段，批量生产革命的主体是系统，而知识型组织的主体是个人。在知识型社会，个人而非系统成为了知识型组织的变化之源以及财富的创造者。

其实，无论涉及管理、经济、社会、政治哪一方面，我所有作品的中心主题都是关于每个个体及其工作、贡献、成长和自我启发的。

本书尤其对当今日本有重要的意义。21世纪初的今天，日本正处于社会转型期。（当然，现在有更多国家处于社会转型期。）而这种转型的核心趋势，就是从以批量生产为基础的社会，转向如本书所述的以个人的责任、成长、生产性为基础的社会。

本书由我的主要作品的核心内容组成。友人上田惇生教授是我大多数作品的译者，这次同样把实质性的工作拜托给了他。在此向上田惇生教授致以我深深的谢意。本书不仅具有理论性，而且告诉人们"应该做什么"。望读者不要将它仅仅用于分析个人与工作，而是将它作为自己的行动指南来阅读。希望读者带着"我应该做什么"这个问题一边思考一边阅读。

彼得·德鲁克
2003年初夏于加利福尼亚州

Drucker Sayings on Individuals

序

第 1 章　成长 / 001

人渴望有所成就 / 002

能力使人改变 / 003

成长的责任在于自身 / 004

一切始于责任 / 005

不断进取的欲望 / 006

什么是完美的工作 / 007

感到自己重要的时候 / 008

外在成长和内在成长 / 009

将重心放在工作上 / 010

工作指引方向 / 011

从新角度审视自己和工作 / 012

赋予工作以意义 / 013
追求意料之外的成功 / 014
你希望被人记住的是什么 / 015
促进自己成长的问题 / 016

第 2 章　取得成果的能力 / 017

成果是自我实现的前提 / 018
做出最好的成绩 / 019
人还不够优秀 / 020
取得成果的人的共同点 / 021
取得成果是一种习惯 / 022
不需要特别的才能 / 023
想要取得成果必备的五种能力 / 024
成果通过机会的创造而得到 / 025
在新任务中取得成果的条件 / 026
以输出为核心 / 027
必要工作取决于成果 / 028
取得成果是一场革命 / 029
通过努力学不到的特质 / 030

第 3 章　贡献 / 031

切勿注重权限 / 032

考虑应做的贡献 / 033
贡献才是取得成果的关键 / 034
注重贡献能带来成功的能力 / 035
自问对组织的贡献 / 035
为追求愿景而自问 / 036
关注外界 / 037
抬头看外界 / 038
使贡献具体化 / 039
设定贡献的目标 / 040

第4章　优势 / 041

很难看清自己的优势 / 042
看清自己优势的唯一方法 / 043
除去理智的傲慢 / 044
注重自己的优势 / 044
用擅长的方法工作 / 045
如今已不能改变自己 / 046
是团队合作，还是单独行动 / 047
在大组织工作，还是在小组织工作 / 048
是决策者，还是执行者 / 049
在符合自己价值观的组织工作 / 050
理解性情和个性 / 051
了解自我的人的言行 / 052

将自身价值升华为集体成果 / 053
　　获得最好的工作 / 054

第5章　必经之路 / 055

　　选择职业的烦恼 / 056
　　想让自己做什么 / 057
　　就职关系到自我价值的实现 / 057
　　责任是获得自由的代价 / 058
　　第一份工作的选择相当于抽签 / 059
　　不要加入与自己的价值观相悖的团体 / 060
　　当辞职是正确之选时 / 061
　　脱胎换骨会使人充满激情 / 062
　　变化会给予自身刺激 / 063
　　安逸时就要寻求改变 / 064
　　决定出路的人是自己 / 064

第6章　脑力劳动者 / 065

　　脑力劳动者的责任 / 066
　　个人与组织的关系 / 067
　　把组织作为成长的机会 / 068
　　所得取决于自身投资 / 069
　　脑力劳动者获得满足时 / 070

使脑力劳动者专业化 / 071
综合专业知识 / 071
知识无优劣 / 072
为人所理解也是一种责任 / 073
在严格要求中成长 / 073
脑力劳动者应有企业家的姿态 / 074

第7章　企业家精神 / 075

企业家精神并不是一种特定的气质 / 076
不适合创业的人 / 077
企业家精神即行动 / 078
不需要天才般的灵光 / 079
企业家精神的定义 / 080
要将真正的变化与一时的流行区分开来 / 081
现有的工作存在问题 / 082
创新与企业家精神 / 082
思考最佳机会 / 083
本质是否一致 / 084
左右脑并用 / 085
个人优势是创新的基础 / 086

第8章　组织合作 / 087

自我启发引导组织 / 088

贡献使团队合作成为可能 / 089
建立有建设性的人际关系 / 090
工作中的人际关系取决于业绩 / 091
了解一起工作的人 / 092
将有效信息传递给一起工作的人 / 093
组织内部摩擦的起因 / 094
对彼此的关系负责 / 095
调动一切优势 / 096
让比自己优秀的人为自己工作 / 097
管理上司的方法 / 097
要与上司建立信赖关系 / 098
以怎样的顺序向上司示意 / 098
促使上司取得成果是很简单的 / 099
不能让上司感到意外 / 100

第9章 交流 / 101

上司被误解的言行 / 102
促成沟通的条件 / 103
使用听者的语言 / 104
了解听者的期待 / 105
要配合听者的意向 / 106
沟通是组织应有的状态 / 107
目标管理与沟通 / 108

第 10 章　领导力 / 109

领导力并非超凡的能力 / 110
领导力并非是吸引他人的资质 / 111
领导力是一种工作 / 112
领导者确定组织的任务 / 113
领导者和伪领导者的差异 / 114
把部下的成功视为自己的成功 / 115
上司培养人才的原则 / 116
发挥部下优势的责任 / 117
询问部下其力所能及的事 / 118
对自己和部下都要严格 / 119
专业化的条件 / 120
信赖即对真诚的坚信不疑 / 121
对领导者的唯一定义 / 121
创造力量与理想 / 122
组织的文化是领导力的基础 / 122

第 11 章　决策 / 123

了解问题的性质 / 124
根据基础解决问题 / 125
误判问题即失败 / 126
应满足的必要条件是什么 / 127
最危险的决策 / 128

决策始于意见 / 129
为什么不能从事实开始 / 130
鼓励有见解的行为 / 131
提出与众不同的见解 / 132
查明不一致的原因 / 133
关注怎样的现实 / 134
不是谁是对的,而是什么是对的 / 135
什么都不决定的选择 / 136
有必要行动时 / 137
为付诸实践而发问 / 138
亲自确认 / 139
做决策需要勇气 / 140
胆小的人失败一千次 / 141
巴斯克维尔家的猎犬 / 142

第 12 章　优先顺序 / 143

优先顺序决定战略和行动 / 144
自己做决定 / 145
工作压力优先 / 146
重要的不是分析而是勇气 / 147
决定优先顺序的四个原则 / 148
选择有挑战性的工作 / 149
难的是决定"后做的事" / 150

减少对过去的付出 / 151

放下昨日的成功 / 152

废旧促新 / 153

这个工作现在还有价值吗 / 154

重新审视先做的事和后做的事 / 155

越集中越能完成更多的工作 / 156

第 13 章　时间管理 / 157

被白白浪费的时间 / 158

时间管理不是万能的 / 159

花时间去思考 / 160

从计划开始是错误的 / 160

从规划时间开始 / 161

记录时间的用法 / 162

即时记录时间 / 163

修正日程表 / 164

舍弃没必要做的工作 / 165

对没用的工作说"不" / 166

把那些浪费时间的文件扔进废纸篓 / 167

投入应做的工作中 / 168

你在掠夺别人的时间吗 / 169

至少需要一个小时来传达你的想法 / 170

仔细倾听 / 171

轻松自在的谈话是捷径 / 172
当共同工作的人越多时 / 173
零碎的时间没有意义 / 174
创造集中时间的方法 / 175
掌握你的时间 / 176

第14章　第二人生 / 177

劳动者比组织存在更长久 / 178
第一人生的尽头 / 179
因第二人生而再次成长 / 180
老了仍可以做最优秀的工作 / 181
解决问题的三种方法 / 182
把组织看作人生全部会有哪些弊害 / 183
如果只会工作的话 / 184
成为优秀的人的意义 / 185
一直拥有成功的机会 / 186
拥有第二人生的唯一条件 / 187

编译者后记 / 188

第1章

成　长

贫于追求，便无法成长。富于追求，付出同样的努力便能成长为巨人。

——《卓有成效的管理者》
(*The Effective Executive*)

人渴望有所成就

因为人会进行必要的精神及心理层面的行为活动，所以人不会只进行单纯的劳动。人想要有所成就，取得相当大的成就，并在自己擅长的领域有所成就，能力就是激发工作热情的基础。

——《管理的实践》
(*The Practice of Management*)

能力使人改变

为了自身的成长,我们首先应该追求卓越,进而从中建立充实感与自信。由于能力不仅能改变工作的质量,还能改变人本身,所以具有重大的意义。

——《非营利组织的管理》
(*Managing the Nonprofit Organization*)

成长的责任在于自身

　　对成长担负最大责任的不是组织而是个人。我们必须自问,为了自我与组织的成长应该注重什么?

　　　　　　　　　　　　——《非营利组织的管理》
　　　　　　　　　　（*Managing the Nonprofit Organization*）

一切始于责任

成功的关键在于责任心,就是让自己勇于承担责任。一切都源于此。重要的不是地位而是责任。所谓有责任感的人,就是要认真埋头于工作并认识到有必要获得符合工作需要的成长。

——《非营利组织的管理》
(*Managing the Nonprofit Organization*)

不断进取的欲望

我们可能对别人做的事情也会感到很满意,但只有对自己做的事情才会抱有责任心。所以我们不应该安于现状,要常有不断进取的欲望。

——《管理的实践》
(*The Practice of Management*)

什么是完美的工作

大约在公元前440年,希腊雕刻家菲狄亚斯完成了雅典帕特农神庙屋顶雕像群的雕刻工作。但完成后雅典的会计师却拒绝支付菲狄亚斯的账单。会计师说:"雕像的背面是看不见的。哪有连看不见的部分也要求付款这种事?"对此菲狄亚斯回答道:"不,众神看着呢!"

——《德鲁克看中国与日本》
(*Drucker on Asia*)

感到自己重要的时候

人完成了引以为豪的事,才能够感到荣耀。否则,虚伪的自豪只会腐蚀心灵。人在达成某个目标时会有成就感。工作重要的时候,也会感到自己很重要。

——《管理的实践》
(*The Practice of Management*)

外在成长和内在成长

自我启发,不仅指能力的培养,还有个人的成长。将关注的重点放在责任上,从而能够看到更为强大的自己,这不是自负或骄傲,而是自豪和自信的体现,一旦拥有就不会失去。我们的目标应该是完成外在和内在的成长。

——《非营利组织的管理》
(*Managing the Nonprofit Organization*)

将重心放在工作上

重心必须放在工作上,工作必须要有成果。工作虽不是全部,但必须要把它放在第一位。

——《管理:使命、责任、实践》
(*Management: Tasks, Responsibilities, Practices*)

工作指引方向

工作在促进人成长的同时，还应指引方向。否则就无法使人的各种特质得以施展。

——《管理的实践》
(*The Practice of Management*)

从新角度审视自己和工作

工作给予我们刺激（启发）的时候，也就是我们一边期待着自我成长，一边萌生出对工作的兴奋、挑战和变化的时候。当这成为可能时，我们就能从新角度审视自己和工作。

——《非营利组织的管理》
(*Managing the Nonprofit Organization*)

赋予工作以意义

曾有一位指挥家让一位单簧管演奏家坐在观众席上聆听演奏。那是演奏家第一次聆听音乐。之后他不仅演奏技艺变得高超,而且开始创作音乐。这便是成长,并不是因为改变了工作方法,而是因为赋予了工作意义。

——《非营利组织的管理》
(*Managing the Nonprofit Organization*)

追求意料之外的成功

促进自身成长最有效的方法是去寻找并追求意料之外的成功。然而大多数人却只着眼于问题而忽视了成功的证据。

——《非营利组织的管理》
(*Managing the Nonprofit Organization*)

你希望被人记住的是什么

在我13岁那年,一位老师向他的每个学生问道:"你希望被人记住的是什么?"结果谁也没答上来。老师笑着说道:"现在不用急着回答。但是,如果到了50岁还回答不上来的话那就不好了,因为你虚度了人生。"

——《非营利组织的管理》
(*Managing the Nonprofit Organization*)

促进自己成长的问题

即使是在今天,我依然会不断地问自己"你希望被人记住的是什么",这个问题能促使你不断超越自己。因为它促使你把自己看成一个与众不同、有所作为的人。

——《非营利组织的管理》
(*Managing the Nonprofit Organization*)

第 2 章

取得成果的能力

成果的取得并不是百发百中的。百发百中的是杂技。所谓的成果是长期不断取得业绩而形成的。

——《管理:使命、责任、实践》
(*Management: Tasks, Responsibilities, Practices*)

成果是自我实现的前提

取得成果的人对社会来说是不可或缺的。同时,取得成果这件事,无论是公司里的新人还是骨干,对他们本人而言都是自我实现的前提。

——《卓有成效的管理者》
(*The Effective Executive*)

做出最好的成绩

首要任务是做出最好的成绩。人们只有依靠自身拥有的能力才能做好工作,并且,只有做出最好成绩才能得到别人的信赖和合作。

——《非营利组织的管理》
(*Managing the Nonprofit Organization*)

人还不够优秀

取得成果的人和没有取得成果的人的差别并不在于才能,而在于是否养成了若干习惯性的态度以及是否掌握了基本的方法。但是因为组织是近来的发明,所以人们在这些方面还不够优秀。

——《非营利组织的管理》
(*Managing the Nonprofit Organization*)

取得成果的人的共同点

取得成果的人在性情、能力、工种和工作方法、性格、知识以及感兴趣的方面千差万别。仅有的共同点是拥有完成分内工作的能力。

——《卓有成效的管理者》
(*The Effective Executive*)

取得成果是一种习惯

取得成果是一种习惯,是实践能力的不断积累。实践能力可以很简单地培养,简单得惊人。

——《卓有成效的管理者》
(*The Effective Executive*)

不需要特别的才能

普通人的话,可以掌握实践能力,但或许不会很杰出。要想杰出需要特别的才能。但是要想取得成果,只要拥有一般的能力就足够了。

——《卓有成效的管理者》
(*The Effective Executive*)

想要取得成果必备的五种能力

取得成果须必备五种实践能力。第一,要清楚什么占用了自己的时间,然后系统地管理所剩无几的时间。第二,注重对外界的贡献。第三,以强项为中心。第四,决定好优先顺序,将精力集中在能够取得显著成果的出色工作领域。第五,为取得成果做出决策。

——《卓有成效的管理者》
(*The Effective Executive*)

成果通过机会的创造而得到

通过解决问题得到的结果仅仅是回到常态。充其量是扫除在取得成果能力上的障碍。成果只能通过机会的创造而得到。

——《为成果而管理》
(*Managing for Results*)

在新任务中取得成果的条件

在新的任务中取得成果的必要条件,并不是拥有渊博的知识和卓越的才能。而是把精力集中于新任务的要求、新的挑战、工作、课题中的重要部分。

——《德鲁克看中国与日本》
(*Drucker on Asia*)

以输出为核心

要使生产率最大化,就得以成果也就是工作的输出为核心。而不能以技能或知识等的投入为出发点。技能、信息、知识只是工具。

——《管理:使命、责任、实务》
(*Management: Tasks, Responsibilities, Practices*)

必要工作取决于成果

成果决定什么时候什么地方使用什么样的工具,决定必要工作,也决定工作的流程、管理方法的设计、工具的使用方法。

——《管理:使命、责任、实务》
(*Management: Tasks, Responsibilities, Practices*)

取得成果是一场革命

取得成果的过程本身是一场革命,要求做到史无前例的创新,要求像组织的首脑一样思考、行动。

——《管理:使命、责任、实务》
(*Management: Tasks, Responsibilities, Practices*)

通过努力学不到的特质

有一种特质是学不到的,而是与生俱来的。它不能从外界得到,却必须掌握。这种特质不是才能,而是真诚。

——《管理的实践》
(*The Practice of Management*)

第 3 章

贡　献

当以自己应该做什么贡献这个问题为出发点时，人就自由了。承担责任，获得自由。

——《管理：使命、责任、实务》
(*Management: Tasks, Responsibilities, Practices*)

切勿注重权限

几乎所有的人,都会把注意力放在下属身上。不是关注成果,而是关注权限。如果总是在意组织和上司应该为我们做的事以及自身应有的权限,就不能真正取得成果。

——《卓有成效的管理者》
(*The Effective Executive*)

考虑应做的贡献

为了取得成果,我们必须考虑自己应做的贡献。把手头工作放一放,将注意力转向目标,问问自己能为组织的成果做出什么有用的贡献,并以责任为中心。

——《卓有成效的管理者》
(*The Effective Executive*)

贡献才是取得成果的关键

无论是在工作的内容、水平、影响上,还是在与上司、同事、下属的关系上,甚至是在日常事务上,注重贡献都是取得成功的关键。

——《卓有成效的管理者》
(*The Effective Executive*)

注重贡献能带来成功的能力

注重贡献能使我们获得在交流、合作、自我启发、培养人才方面取得成功应必备的基本能力。

——《卓有成效的管理者》
(*The Effective Executive*)

自问对组织的贡献

自问对组织的贡献,也就是思考需要什么样的自我启发,掌握什么样的知识和技能,发挥怎样的优势于工作中,以及应该为自己制定怎样的准则。

——《卓有成效的管理者》
(*The Effective Executive*)

为追求愿景而自问

探索自身的贡献,就是追求愿景。这样想的话,从宏大的愿景来看,我们可以知道,在很多工作中被认为是优秀的成绩其实只是极小的贡献。

——《卓有成效的管理者》
(*The Effective Executive*)

关注外界

通过注重贡献,不仅会关注自己的专业领域,关注整个组织的成果,也会关注成果存在的唯一场所——外界。

——《卓有成效的管理者》
(*The Effective Executive*)

抬头看外界

通过关注外界,我们甚至可以无意中知道别人需要什么,关注什么,了解什么。进而我们就能询问组织内部成员,也就是上司、下属以及其他领域的同事,"我应该做些什么来协助你为组织做贡献?""应该何时、怎样和以何种方式来协助?"

——《卓有成效的管理者》
(*The Effective Executive*)

使贡献具体化

不要过于关注将来。为了使贡献计划明确且具体化，时间最长也要尽量限制在一年半之内。问题是，在一年半的时间内，取得怎样的成果。

——《21 世纪的管理挑战》
(*Management Challenges for the 21st Century*)

设定贡献的目标

必须把目标设定得难一点,让它超出自己的能力范围。但是,必须要有实现的可能性。以不可能的事情为目标,以不可能的事情为前提,称不上是野心,只不过是鲁莽无谋而已。

——《21 世纪的管理挑战》
(*Management Challenges for the 21st Century*)

第 4 章

优　势

任何成功都要靠优势，靠劣势什么事也做不成。

——《21 世纪的管理挑战》
(*Management Challenges for the 21st Century*)

很难看清自己的优势

任何人都觉得很清楚自己的优势。但是,这种想法大多是错误的。人们所清楚的只是劣势。

——《21世纪的管理挑战》
(*Management Challenges for the 21st Century*)

看清自己优势的唯一方法

一旦决定要做什么,就把期待的结果写下来。9个月或者1年以后,拿出来与结果对照一下。我这样坚持了50年,每次都有意外收获。谁这样做都是一样的。这样一来自己的优势就很明显了。认清自我,最重要的是了解优势。

——《21世纪的管理挑战》
(*Management Challenges for the 21st Century*)

除去理智的傲慢

在除去理智的傲慢、充分发挥自己优势的同时，也必须掌握必要的技能和知识。

——《21 世纪的管理挑战》
(*Management Challenges for the 21st Century*)

注重自己的优势

不要花费太多时间去改进你不擅长的方面，而是应该注重自己的优势。比起把一流的能力变成超一流的能力，从无能力到一般能力要耗费多得多的精力和努力。

——《21 世纪的管理挑战》
(*Management Challenges for the 21st Century*)

用擅长的方法工作

工作个性,远在就职前就形成了。工作的方法与优劣势一样都是前提条件,可以改正,却不可以改变。恰如在可以发挥优势的工作上取得成果一样,人们通过擅长的方法也能取得工作上的成果。

——《21 世纪的管理挑战》
(*Management Challenges for the 21st Century*)

如今已不能改变自己

如今不要再想着改变自己,这是不可能实现的。应该致力于改进自己擅长的工作方法。

——《21 世纪的管理挑战》
(*Management Challenges for the 21st Century*)

是团队合作,还是单独行动

我们一定要知道,工作方法是团队合作好,还是单独行动好。也必须知道,如果团队合作比较好的话,那么在什么样的团队合作下才能出色地完成工作。

——《21世纪的管理挑战》
(*Management Challenges for the 21st Century*)

在大组织工作,还是在小组织工作

这是一件应事先知道的大事。在紧张和不安的情况下能做好工作,还是在准备就绪的情况下能做好工作?在大组织里作为齿轮能做好工作,还是在小组织里作为大人物能做好工作?基本上没有人哪种情况都适合。

——《21世纪的管理挑战》
(*Management Challenges for the 21st Century*)

是决策者,还是执行者

担任不同职务的决策者和执行者,哪个能更好地获得成果始终是个问题。虽然作为执行者已几近完美,但不能胜任决策者的也大有人在。

——《21世纪的管理挑战》
(*Management Challenges for the 21st Century*)

在符合自己价值观的组织工作

要在组织取得成果,自己的价值观就必须与组织的价值观相融合。不必完全一致,但必须能够共存。否则,心情就会不轻松,工作也不会取得成果。

——《21 世纪的管理挑战》
(*Management Challenges for the 21st Century*)

理解性情和个性

我们常常忽视性情与个性。然而,它们就算通过训练也不易改变,因此我们必须重视并深刻地理解性情与个性。

——《21 世纪的管理挑战》
(*Management Challenges for the 21st Century*)

了解自我的人的言行

如果了解自己的优势、工作方法和价值观的话,那么在得到机会时、得到职位时或被任命工作时,就能说"我来做吧""我的方法是这样的""这项工作应该这样做""同别的组织和他人的关系是这样的""在这期间我会完成这类的事"。

——《21世纪的管理挑战》
(*Management Challenges for the 21st Century*)

将自身价值升华为集体成果

懂得运用自己优势的人能够兼顾工作和自我实现,为把自己的知识转变为组织的机会而工作,并通过注重贡献将自身价值转化为组织的成就。

——《卓有成效的管理者》
(*The Effective Executive*)

获得最好的工作

最棒的职业不会轻易得手。只有清楚自己的优势、工作方法以及价值观,并且做好充分准备去抓住机会的人才能够得到。这是因为只有知道自己需要什么并为之奋斗的人,才能够获得杰出的成就。

——《21 世纪的管理挑战》
(*Management Challenges for the 21st Century*)

第 5 章

必经之路

知识，把指派职业的社会变成了可以选择职业的社会。如今，无论从事何种职业，无论运用何种知识，都可以过上一种富足的生活。

——《不连续的时代》
(*The Age of Discontinuity*)

选择职业的烦恼

　　发达国家正飞速地向着可以按照自我意愿选择职业的社会发展。现今的问题并不在于选择太少,而在于选择过多。过多的选择、机会和出路正困扰着当今的年轻人。

——《不连续的时代》
(*The Age of Discontinuity*)

想让自己做什么

面临着诸多选择的年轻人应该明了,准确地说,不是做什么好,而是想让自己做什么。

——《不连续的时代》
(*The Age of Discontinuity*)

就职关系到自我价值的实现

社会要求每一个人去追问自己是何人,想成为何人,以及付出什么之后想要得到什么。这个问题虽然看起来是选择从政、经商还是求学的普通问题,但实际上是关系到自我价值实现的问题。

——《不连续的时代》
(*The Age of Discontinuity*)

责任是获得自由的代价

如今我们再次直面自古就有的关于个人的意义、目的及自由的根本性问题。虽然全世界的年轻人不愿面对,但是这个问题迫切需要得到解决。组织和社会通过给予选择的机会迫使每个人做出决策。承担责任是获得自由的代价。

——《不连续的时代》
(*The Age of Discontinuity*)

第一份工作的选择相当于抽签

第一份工作的选择相当于抽签。一开始就从事适合自己的工作的概率并不高,而且需要经过数年才能知道自己想要什么,并转向适合自己的工作。

——《不连续的时代》
(*The Age of Discontinuity*)

不要加入与自己的价值观相悖的团体

　　思考自己想要的收获在哪里,如果发现不在现在工作的地方的话,接下来就该问问为什么。是因为整个组织腐败还是因为不能融入组织的价值观?无论是哪一个,这样的人都没有希望了。身处于与自身价值观相悖的地方,人就会怀疑自己,贬低自己。

——《非营利组织的管理》
(*Managing the Nonprofit Organization*)

当辞职是正确之选时

当组织腐败的时候、自己无所收获的时候,再或者成果得不到认可的时候,辞职就是正确的选择。成功没什么大不了。

——《非营利组织的管理》
(*Managing the Nonprofit Organization*)

脱胎换骨会使人充满激情

  连企业这种既灵活又富有流动性的团体,也会倾向于把人禁闭在同样的工作、同样的环境中。结果往往让人感到厌倦。并不是耗尽了激情,只是需要去迎接不同的挑战和置身于新的环境中,也就是说需要脱胎换骨。

——《动荡时代的管理》
(*Managing in Turbulent Times*)

变化会给予自身刺激

在给予自身刺激(启发)这一方面,需要某种变化。这种需要会随着人寿命以及工作时间的延长而不断增大。虽说是变化,但也没必要变得大相径庭。

——《非营利组织的管理》
(*Managing the Nonprofit Organization*)

安逸时就要寻求改变

当每一天都过得安逸舒适时,才更加需要驱使自己做些不同的事(寻求改变)。

——《非营利组织的管理》
(*Managing the Nonprofit Organization*)

决定出路的人是自己

改变工作、决定职业的人是自己,知道自己想要什么的是自己。在为组织做贡献时,给自己定下高要求的也是自己。不容许自己厌烦而采取预防对策的也是自己。不断迎接挑战的也是自己。

——《非营利组织的管理》
(*Managing the Nonprofit Organization*)

第 6 章

脑力劳动者

脑力劳动者只有在具备组织的条件下才能进行工作。在这一点上,他们是从属于组织的。可是,他们拥有的生产手段就是知识。

——《知识社会》
(*Post-Capitalist Society*)

脑力劳动者的责任

近代组织选择知识分子,使他们的知识发挥作用,从而带来了获得收入且是高收入的机会。然而这伴随着决策的责任。个人自身不得不背负关于希望自己是什么、希望自己成为什么的责任。组织也不得不背负着关于应该具备什么,应该成为什么的责任。

——《不连续的时代》
(*The Age of Discontinuity*)

个人与组织的关系

脑力劳动者,认为自己与过去的律师、教师、神职人员、医生、高级官员一样,受到高等教育,且收入和机会都很多。但是,脑力劳动者认识到有组织他们才能得到收获和机会,有组织的巨额投资他们才能有自己的工作。同时,他们还认识到组织也依存于他们。

——《不连续的时代》
(*The Age of Discontinuity*)

把组织作为成长的机会

组织必须把给予每一个人相应的位置和角色看作理所当然的事。同时,也必须把构建团队并提供自我实现和成长的机会看作理所当然的事。

——《不连续的时代》
(*The Age of Discontinuity*)

所得取决于自身投资

当一个人自问从人生中能得到什么,并明白所得取决于自身投资时,他就成熟了;当一个人自问从组织中能得到什么,并明白所得取决于自身投资时,他就自由了。

——《不连续的时代》
(*The Age of Discontinuity*)

脑力劳动者获得满足时

脑力劳动者也是要求经济报酬的。但是,仅有报酬是不够的。报酬不足是个问题。脑力劳动者还认为机会、目标达成、自我实现、价值是必要的。他们只有成为取得成果的人,才能获得那些满足。

——《卓有成效的管理者》
(*The Effective Executive*)

使脑力劳动者专业化

脑力劳动者大多都是专家。当他们只专注于一件事也就是形成专业化的时候,可以取得显著成果。

——《卓有成效的管理者》
(*The Effective Executive*)

综合专业知识

专业知识只不过是些零散的片段,仅仅依靠那些是没有发展的。将一些专家与其他专家的研究所得相结合就可以产生成果。

——《卓有成效的管理者》
(*The Effective Executive*)

知识无优劣

无论什么样的知识都不会比其他知识更高一等。知识的定位,不是由各种知识所固有的优越性或劣等性,而是由其在同一任务中的贡献所决定的。虽说"哲学是科学的女王",但是,治疗肾结石时,比起哲学家或逻辑学者,更需要的是泌尿专科医生。

——《知识社会》
(*Post-Capitalist Society*)

为人所理解也是一种责任

知识分子,有责任尽力做到让别人理解你。如果简单地认为外行努力去理解内行,或是专家与专家之间能够相互理解就足够的话,那只能说是一种无知的傲慢。

——《卓有成效的管理者》
(*The Effective Executive*)

在严格要求中成长

知识分子需要通过自我严格要求不断进步。需要在不断追求胜利和成就的过程中实现自我发展。

——《卓有成效的管理者》
(*The Effective Executive*)

脑力劳动者应有企业家的姿态

脑力劳动者必须以企业家的姿态来要求自己的一举一动。在以知识为核心资源的今天,仅仅依靠高层管理是无法取得成功的。

——《创新与企业家精神》
(*Innovation and Entrepreneurship*)

第7章

企业家精神

成功的企业家,从不等待幸运女神的眷顾或是灵光一闪的瞬间。他们脚踏实地地工作,从不渴求意外收获。

——《创新与企业家精神》
(*Innovation and Entrepreneurship*)

企业家精神并不是一种特定的气质

所谓的企业家精神并不是一种特定的气质。实际上,我在过去30年间,看到过许多不同气质的人去挑战创业且成功的范例。

——《创新与企业家精神》
(*Innovation and Entrepreneurship*)

不适合创业的人

注重确定性的人不适合创业。那样的人也不适合做政治家、军官、国际航线的船长等。这些工作都需要做决定,而做决定本身就有不确定性。

——《创新与企业家精神》
(*Innovation and Entrepreneurship*)

企业家精神即行动

会做决定的人,通过学习可以像企业家一样行动并且成为企业家。所谓企业家精神,不是一种气质而是一种行动。

——《创新与企业家精神》
(*Innovation and Entrepreneurship*)

不需要天才般的灵光

"企业创始人都具备天才般的智慧"这种说法只不过是无稽之谈。我在过去40年间,一直同企业创始人共事。那些依靠天才般灵感的企业创始人,最终只不过是昙花一现。

——《管理未来》
(*Managing for the Future*)

企业家精神的定义

企业家认为变化是理所当然且不可或缺的。也许他们自身并不会引发这样的变化,但是他们会去寻找变化,应对变化,将变化作为机会充分利用。这就是对企业家以及企业家精神的定义。

——《创新与企业家精神》
(*Innovation and Entrepreneurship*)

要将真正的变化与一时的流行区分开来

必须观察变化,并思考该变化是否是机会,思考这个变化是真正的变化还是一时的流行。区分方法很简单。真正的变化是由人们的行动引起的,而一时的流行只是人们的口头谈论而已。

——《下一个社会的管理》
(*Managing in the Next Society*)

现有的工作存在问题

"现有的工作不存在任何问题,且应当会有一定的贡献",这种先入之见是很危险的。应该认为"现有的工作必然存在问题,是要重新整顿,还是至少改变方向?"

——《迈向经济新纪元》
(*Toward the Next Economics and Other Essays*)

创新与企业家精神

企业家要进行创新。创新是企业家特有的利器。

——《创新与企业家精神》
(*Innovation and Entrepreneurship*)

思考最佳机会

成功创新的人,会斟酌遇到的所有机会。他们会仔细地考虑最适合自己的机会是哪一个,最适合团队的机会是哪一个,以及能够发挥自己特长并展现出卓越才能的机会是哪一个。

——《创新与企业家精神》
(*Innovation and Entrepreneurship*)

本质是否一致

创新的机会必须在本质上适合要进行创新的人,这既重要又有意义,否则就不能完成要求忍耐性强并伴随挫折的艰辛变革。

——《创新与企业家精神》
(*Innovation and Entrepreneurship*)

左右脑并用

成功创新的人,左右脑并用,能结合数据来了解人,并通过分析知道抓住机遇需要进行怎样的创新。然后,外出见客户和用户时,就可以切身感受到他们的期待、价值和需求。

——《创新与企业家精神》
(*Innovation and Entrepreneurship*)

个人优势是创新的基础

没有比创新更重视个人优势的了,它是变革的基础。这是由于在创新中,知识和能力发挥了很大作用,但也伴随着风险。

——《创新与企业家精神》
(*Innovation and Entrepreneurship*)

第 8 章

组织合作

大多数人与别人一起工作,借他人之力来取得成果。因此,要取得成果,就必须对人际关系负责。

——《21 世纪的管理挑战》
(*Management Challenges for the 21st Century*)

自我启发引导组织

每个人的自我启发对于组织的发展都有着重要的意义,是组织取得成果的途径。向着目标努力工作时,个人就会提高组织的水平。同时也会提高自身及他人的水平。

——《*卓有成效的管理者*》
(***The Effective Executive***)

贡献使团队合作成为可能

思考应该做出的贡献能使与同事的交流和团队合作成为可能。应该让谁来利用自己的创造使之与成果相结合呢?这一问题清楚地表现了命令体系中非上级非下级的人的重要性。

——《卓有成效的管理者》
(*The Effective Executive*)

建立有建设性的人际关系

有人际交往能力并不一定能够维持良好的人际关系。在处理自己的工作以及与他人的关系上,如果重视贡献,就能维持良好的人际关系。这样,人际关系才具有建设性。对良好的人际关系的唯一定义是具有建设性。

——《卓有成效的管理者》
(*The Effective Executive*)

工作中的人际关系取决于业绩

如果没有业绩的话,那么在工作中的人际关系上,亲切的谈话与热情的态度都是没有意义的,不过是用来掩饰淡薄的人际关系罢了。相反,如果给身边的人都带来好处的话,即使是说了一些失礼的话,也不会破坏人际关系。

——《卓有成效的管理者》
(*The Effective Executive*)

了解一起工作的人

取得业绩的秘诀在于了解一起工作的人以及在自己的工作中不可或缺的人,灵活运用他们的长处、工作方法以及价值观。这是因为工作不仅依赖于工作的章程,更依赖于一起工作的人的工作状态。

——《21 世纪的管理挑战》
(*Management Challenges for the 21st Century*)

将有效信息传递给一起工作的人

如果你知道自己的长处、工作方法、价值观以及应该做出的贡献,那么你有必要考虑以下问题:必须将这些告诉谁,你必须依赖谁,谁又在依赖你。然后你需要将考虑的结果告诉他们。

——《21世纪的管理挑战》
(*Management Challenges for the 21st Century*)

组织内部摩擦的起因

组织内部的摩擦大部分起因于:相互之间不了解对方的工作、工作方式、着重点以及目标。问题在于没有相互听取意见、没有进行良好的沟通。

——《21世纪的管理挑战》
(*Management Challenges for the 21st Century*)

对彼此的关系负责

如今组织已不再是依靠权力而是依靠信赖建立的。信赖并不是好恶而是相互信任。因此必须互相理解,对彼此的关系负责任,这是义务。

——《21 世纪的管理挑战》
(*Management Challenges for the 21st Century*)

调动一切优势

要取得成果必须运用优势,劣势不会带来任何成果。要创造成果必须调动一切能利用的优势,即同事、上司以及自己的优势。

——《卓有成效的管理者》
(*The Effective Executive*)

让比自己优秀的人为自己工作

"钢铁大王"安德鲁·卡内基的墓碑上刻着这样一句墓志铭:这儿躺着的是这样一个男人,他深谙如何让比自己优秀的人为自己工作。这是对卡内基最高的赞美。要想取得成果没有比这更好的方法。

——《卓有成效的管理者》
(*The Effective Executive*)

管理上司的方法

怎样管理上司呢?实际上,答案非常简单,那就是利用上司的优势。

——《卓有成效的管理者》
(*The Effective Executive*)

要与上司建立信赖关系

管理上司就是要与上司建立信赖关系。为此，上司一方，必须相信下属能在工作中扬长避短。

——《管理未来》
(*Managing for the Future*)

以怎样的顺序向上司示意

为了利用上司的优势，在向上司提出问题时，我们必须留意的不是提出什么问题，而是如何提出。重要的不仅是什么是重要的、什么是正确的，还有以怎样的顺序提出问题。

——《卓有成效的管理者》
(*The Effective Executive*)

促使上司取得成果是很简单的

谁都可以深刻地了解别人,甚至比他本人更了解。因此,促使上司取得成果是相当简单的。

——《卓有成效的管理者》
(*The Effective Executive*)

不能让上司感到意外

不让上司感到意外是下属的工作。让上司在自己的负责范围内感到意外,会让他受到伤害、感到耻辱。

——《管理未来》
(*Managing for the Future*)

第 9 章

交　流

　　所谓沟通，是感知，是期待，是要求，而不是信息。沟通和信息是对立的，但又是相互依存的。

——《管理：使命、责任、实践》
(*Management: Tasks, Responsibilities, Practices*)

上司被误解的言行

上司的言行,即使是小口误、癖好、习惯也会被看作事先设计好或是有所意图的。

——《管理:使命、责任、实践》
(*Management: Tasks, Responsibilities, Practices*)

促成沟通的条件

促成沟通的是倾听者。发起谈话的人并不是真正的沟通者,他只是沟通的发起者。没有倾听者的话,就无法促成沟通。

——《管理:使命、责任、实践》
(*Management: Tasks, Responsibilities, Practices*)

使用听者的语言

苏格拉底说过,"和木匠说话的时候,要使用木匠的语言"。不使用听者的语言是无法促成沟通的。必须基于听者的经历来使用语言。

——《管理:使命、责任、实践》
(*Management: Tasks, Responsibilities, Practices*)

了解听者的期待

不了解听者的期待就无法沟通。了解了对方的需要,才能利用这份期待。或者是了解有必要给予听者一种"冲击"来打破他的期待并迫使他承认已发生了自己所不期望的事情。

——《管理:使命、责任、实践》
(*Management: Tasks, Responsibilities, Practices*)

要配合听者的意向

沟通对听者有所要求,要求听者成为某种人,做某些事,相信某些事,它基于听者的意向。沟通在与听者的价值观、欲望和目标达成一致时会变得强有力。然而不一致时,沟通根本就不会成立甚至会被排斥。

——《管理:使命、责任、实践》
(*Management: Tasks, Responsibilities, Practices*)

沟通是组织应有的状态

沟通并不是由我向你,而是由我们中的一个人向另一人传达信息。在一个组织里,沟通不是手段,而是组织应有的状态。

——《管理:使命、责任、实践》
(*Management: Tasks, Responsibilities, Practices*)

目标管理与沟通

目标管理才是组织内部沟通的前提。在目标管理方面,必须明确应该对企业或者所属部门做出怎样的贡献。

——《管理:使命、责任、实践》
(*Management: Tasks, Responsibilities, Practices*)

第 10 章

领导力

领导力依靠的不是聪明才智,而是一致性。

——《管理未来》
(*Management for the Future*)

领导力并非超凡的能力

领导力是至关重要的,但是领导力与所谓的领袖天赋无关,更与超凡的能力无关。领导力并非是神秘莫测的,而是平凡的、常见的。

——《管理未来》
(*Management for the Future*)

领导力并非是吸引他人的资质

领导力并非是指吸引他人的能力,吸引他人只不过是一种鼓动能力;领导力也并非是指交友、影响他人的能力,那样的能力不过是一种推销技术。

——《管理的实践》
(*The Practice of Management*)

领导力是一种工作

既然领导力既不是超凡的能力又不是一种资质,那么,它是什么呢?领导力,首先应该是一种工作。

——《管理未来》
(*Management for the Future*)

领导者确定组织的任务

卓有成效的领导力,其基础应该建立在充分考虑并明确地定义和确定该组织的任务之上。领导者,应该是确定目标、决定优先顺序、制定标准并保证目标顺利实现的人。

——《管理未来》
(*Management for the Future*)

领导者和伪领导者的差异

领导者和伪领导者的差异在于目标。在因现实的制约而不得不妥协时，从这种妥协是向着使命和目标，还是远离使命和目标就可以看出是否是真的领导者。

——《管理未来》
(*Management for the Future*)

把部下的成功视为自己的成功

优秀的领导者渴求有干劲的部下,激励部下进步并引以为豪。因为要对部下的失败负最终责任,所以领导者不把部下的成功看作威胁,而是看作自己的成功。

——《管理未来》
(*Management for the Future*)

上司培养人才的原则

真正严格的上司,也就是能培养出一流人才的上司。他们先考虑部下应该能做好什么事,然后再要求部下付诸实际行动。

——《卓有成效的管理者》
(*The Effective Executive*)

发挥部下优势的责任

专找部下的缺点是错误且不负责任的表现。对组织,上司要尽可能发挥每个部下的优势,对部下要尽可能发挥他们自己的优势。

——《卓有成效的管理者》
(*The Effective Executive*)

询问部下其力所能及的事

所谓发挥优势,就是要取得成果。如果一开始不问部下可以做些什么的话,就不得不忍受其结果远不如他能做出的贡献这一现实。也就是从一开始就允许他可以不用取得成果。

——《卓有成效的管理者》
(*The Effective Executive*)

对自己和部下都要严格

在成功的组织中,肯定会有待人冷淡、不乐于助人、不善人际的上司;有冷淡严厉,看起来总是闷闷不乐,但是培养出的人才比谁都多的上司;有比最受欢迎的人还受人尊敬的上司;有对自己和部下都严格,且要求有专业能力的上司。

——《管理的实践》
(*The Practice of Management*)

专业化的条件

严格的专业要求提出并实现远大的目标。考虑的不是谁正确,而是什么正确;重要的不是头脑的好坏,而是是否诚恳。也就是说,缺乏诚恳资质的人,无论多招人喜爱,多乐于助人,多善于人际交往,头脑多好、能力多强,对于组织来说都是危险的,都是不合格的上司。

——《管理的实践》
(*The Practice of Management*)

信赖即对真诚的坚信不疑

信赖,既不是对于领导的喜爱,也不是指平常的认同,而是确信领导的话是真心实意的。信赖是对老生常谈的真诚的坚信不疑。

——《管理的实践》
(*The Practice of Management*)

对领导者的唯一定义

没有信赖,就没有追随者。说到底,对领导者的唯一定义就是有追随者。

——《管理未来》
(*Managing for the Future*)

创造力量与理想

真正的领导者深知创造人类的力量与理想是自己的责任。

——《管理未来》
(*Managing for the Future*)

组织的文化是领导力的基础

领导力的基础莫过于组织文化。即在日常工作中确认行为与责任的严格规定、高成果标准以及对人和工作的敬重。

——《管理的实践》
(*The Practice of Management*)

第 11 章

决　策

要取得成果，不能做很多决策，
而必须致力于重要的决策。

——《卓有成效的管理者》
（*The Effective Executive*）

了解问题的性质

首先必须了解这是一般性的问题还是特殊性的问题,是经常发生的情形还是应该个别对待的特殊情况。

——《卓有成效的管理者》
(*The Effective Executive*)

根据基础解决问题

除了真正特殊的情况,所有的事情都需要根据基础提出解决方案,需要根据原则、方针、基础来解决。只要有一次抓住其确切的基本原理,相同状况下发生的问题都可以照章行事。

——《卓有成效的管理者》
(*The Effective Executive*)

误判问题即失败

很常见的错误是将一般性的问题误认为是连续发生的特殊问题。因为缺乏对一般性问题的理解和解决问题的基础知识,所以只是敷衍了事,结果往往是一败涂地、一无所获。

——《卓有成效的管理者》
(*The Effective Executive*)

应满足的必要条件是什么

在做决策时,必须要清楚决策的目的是什么,应达到的目标是什么,应满足的必要条件是什么。

——《卓有成效的管理者》
(*The Effective Executive*)

最危险的决策

辨别最危险的决策时,需要事先知道做出决策应满足的必要条件。最危险的决策就是只要不发生不合时机的事就能顺利进行的决策。这类决策看似很合理,但是只要仔细地研究一下其必要条件,就能发现矛盾。

——《卓有成效的管理者》
(*The Effective Executive*)

决策始于意见

涉及决策的文献资料,几乎都提到要探索事实。然而,成功者知道做决策不能从事实而是从自己的见解出发。

——《卓有成效的管理者》
(*The Effective Executive*)

为什么不能从事实开始

最好不要一开始就探索事实,因为那些事实只不过是在证明一些定论。谁都可以找到想要探索的事实。

——《卓有成效的管理者》
(*The Effective Executive*)

鼓励有见解的行为

必须鼓励有见解的行为。然后,在表明意见之后,必须根据事实去求证。必须了解若想验证假设的有效性应知道些什么,使见解有效的事实又应是怎样的。

——《卓有成效的管理者》
(*The Effective Executive*)

提出与众不同的见解

取得成果的人,都会有意识地提出与众不同的见解。这样可以防止被貌似合理却其实是错误的见解和有漏洞的见解所蒙骗。

——《卓有成效的管理者》
(*The Effective Executive*)

查明不一致的原因

不能从一开始就假设只有一种行为是正确的,其他的行为都是错误的,也不能假设只有自己是正确的,其他人都是错误的。必须查明意见不一致的原因。

——《卓有成效的管理者》
(*The Effective Executive*)

关注怎样的现实

我们要这样想,得出明显错误结论的人一定是看到了与我们不一样的现实和问题。但是如果那个结论是理性且合理的,那他又在关注着怎样的现实?

——《卓有成效的管理者》
(*The Effective Executive*)

不是谁是对的,而是什么是对的

在做决定时,必须考虑什么是正确的。正因为最终都要妥协,所以不能从谁是正确的、什么是容易接受的观点开始考虑。

——《卓有成效的管理者》
(*The Effective Executive*)

什么都不决定的选择

任何时候都有不做任何决定的备案。做决策就像做外科手术,会对系统有所干扰,并伴有休克的风险。就像优秀的外科医生不做没必要的手术,我们也不要做没必要的决定。

——《卓有成效的管理者》
(*The Effective Executive*)

有必要行动时

如果什么都不做事态会恶化的话,就必须采取行动。这也同样适用于机会。如果不立即采取行动会失去重要机会的话,就要果断采取行动。

——《卓有成效的管理者》
(*The Effective Executive*)

为付诸实践而发问

为了把决定付诸实践,必须要了解:谁必须知道这个决策,需要采取怎样的行动,谁采取行动,应该是怎样的行动。

——《卓有成效的管理者》
(*The Effective Executive*)

亲自确认

要知道决定的前提是否有效,若是陈腐,那是否有必要再次商讨这个决定。亲自确认虽不是唯一的却是最好的办法。

——《卓有成效的管理者》
(*The Effective Executive*)

做决策需要勇气

虽然准备好了做决定,但是很多决定在此之后就不了了之了。因为此时突然发现做决定是一件痛苦、不被人看好且棘手的事,而且需要与判断力相当的勇气。药不一定是苦的,但良药一般是苦的。

——《卓有成效的管理者》
(*The Effective Executive*)

胆小的人失败一千次

绝对不要瞻前顾后,那是胆小鬼的行为。在同样的地方,勇敢的人失败一次,胆小的人失败一千次。

——《卓有成效的管理者》
(*The Effective Executive*)

巴斯克维尔家的猎犬

十次有九次感到不安,这很明显是杞人忧天。但是我发现十次中会有一次因忽略重要的事实或犯低级错误以致完全判断失误。十次中有一次,我突然在半夜醒来,像福尔摩斯发现了一件重要的事——巴斯克维尔家的猎犬没有狂吠一样。虽这样说,但是也不能过于拖延做决定,只能拖延几天或最多几周。

——《卓有成效的管理者》
(*The Effective Executive*)

第 12 章

优先顺序

企业中有待完成的工作总是远远多于用现有的资源所能做的事情。机会比实现目标的手段多。因此必须决定优先顺序,否则一事无成。

——《为成果而管理》
(*Managing for Results*)

优先顺序决定战略和行动

　　优先顺序促使计划转变为实际成果,洞察转变为实际行动。优先顺序表明了管理者的观点和真诚的态度,它决定了基本战略和行动。

——《为成果而管理》
(*Managing for Results*)

自己做决定

有必要决定什么工作重要,什么工作不重要。唯一的问题是谁做决定,是自己还是工作压力。

——《卓有成效的管理者》
(*The Effective Executive*)

工作压力优先

来自工作的压力使过去发生的事优先于以后发生的事,危机优先于机会,内部问题优先于外部问题,而且紧急的事优先于重要的事。

——《卓有成效的管理者》
(*The Effective Executive*)

重要的不是分析而是勇气

优先顺序的分析固然很重要,但决定优先顺序最重要的不是分析而是勇气。

——《卓有成效的管理者》
(*The Effective Executive*)

决定优先顺序的四个原则

决定优先顺序有几个重要的原则。这些原则都与勇气有关,与分析无关。第一,选择未来而不是过去;第二,关注机会而不是问题;第三,不能随波逐流,要有个性;第四,要选择能带来变革的事而不是平淡无奇的事。

——《卓有成效的管理者》
(*The Effective Executive*)

选择有挑战性的工作

选择看似容易成功而不是有挑战性的工作是无法取得巨大成果的。就好比即使能给出大量的注释却创造不出以自己名字命名的物理法则或新概念。有所成就的人都以机会为中心决定优先顺序,其他的因素并不是决定条件,只是制约因素。

——《卓有成效的管理者》
(*The Effective Executive*)

难的是决定"后做的事"

确定先做的事对于任何人都不困难,使人犯难的是决定"后做的事",也就是决定什么不应该做。延后就意味着放弃。重拾曾延后的事情就是失败。这就使人很难决定"后做的事"。

——《为成果而管理》
(*Managing for Results*)

减少对过去的付出

每一位管理者都不得不花费时间、精力和才智来弥补或摆脱昨天的行动和决策。无论这些行为和决策是他自己做的还是他的前任做的,这占用了大部分的时间。在这期间,因为要放弃那些无望取得成果的事情,所以必须要减少对过去的付出。

——《卓有成效的管理者》
(*The Effective Executive*)

放下昨日的成功

　　放下彻底的失败并不难,因为它会自然而然地消失。然而,昨日的成功不具备生产性之后也会继续存在着。更危险的是本该顺利进行的工作却不知为何毫无成效地继续着。

——《卓有成效的管理者》
(*The Effective Executive*)

废旧促新

有计划地废除陈旧事物才是大力推进新事物的唯一方法。任何组织都不缺乏创意，创造力不是问题。问题是很少有组织去实现那些难得的好想法，因为大家都忙于过去的工作。

——《卓有成效的管理者》
(*The Effective Executive*)

这个工作现在还有价值吗

那些期望自己、组织能够取得成果的人,经常会逐一检查计划、活动和工作,并且会思考这个工作现在是否还有价值。

——《卓有成效的管理者》
(*The Effective Executive*)

重新审视先做的事和后做的事

通常我们必须对照现实来探讨并调整要做的事情的先后顺序。历届美国总统都不得不改变就任时决定的工作优先顺序。在完成优先任务的过程中,引起了事情先后顺序的变化。

——《卓有成效的管理者》
(*The Effective Executive*)

越集中越能完成更多的工作

越集中时间、劳动力和资源,真正能完成的工作数量和种类就越多。这正是有的人能够完成多个困难工作的秘诀。一次只做一项工作,因此他们需要比其他人更少的时间。无法取得成果的人反而要付出更多的劳动。

——《卓有成效的管理者》
(*The Effective Executive*)

第 13 章

时间管理

时间是最稀缺的资源。无法管理时间就无法管理其他一切。

——《卓有成效的管理者》
(*The Effective Executive*)

被白白浪费的时间

虽无助于取得成果却又无法忽视的工作占据了许多时间。大量的时间被浪费在看似理所当然,但实际上几乎没用甚至根本没用的工作上。

——《卓有成效的管理者》
(*The Effective Executive*)

时间管理不是万能的

我们总是在寻求管理时间的万能灵药。参加速读训练讲座、实行报告单页化、把会面时间限制在15分钟之内,等等,这些都是虚无的空中楼阁。正因如此,时间才被浪费了。

——《管理的实践》
(*The Practice of Management*)

花时间去思考

深谙时间分配方法的人通过思考取得成果,三思而后行。对于反复出现的问题,需要花时间去系统且彻底地思考。

——《管理的实践》
(*The Practice of Management*)

从计划开始是错误的

要对工作提建议的话,经常会从"请先制订计划"说起。这貌似很合理,但是问题是那样的话,工作是不能顺利进行的。计划只是被写在了纸上,最后却不了了之。

——《卓有成效的管理者》
(*The Effective Executive*)

从规划时间开始

凡是做出了一番成就的人,都不是从工作而是从时间规划开始入手的,不是从制订计划而是从明确如何分配时间开始入手的。然后,必须管理时间并拒绝做占用时间的非生产性的工作。最后,要把节省下来的自由时间集中利用。

——《卓有成效的管理者》
(*The Effective Executive*)

记录时间的用法

灵活利用时间和浪费时间的区别会在成果和业绩上直接体现出来。脑力劳动者为取得成果做出的第一步就是记录实际中时间的使用方法。

——《卓有成效的管理者》
(*The Effective Executive*)

即时记录时间

不需要在意记录时间的方法。有的人亲自记录,有的人交给了秘书。重要的是要记录。不是凭记忆在事后记录,而是要即时记录。

——《卓有成效的管理者》
(*The Effective Executive*)

修正日程表

必须记录时间并做到每月反思一次。或者至少做到一年两次左右,每次持续三四周不断地记录自己的时间。必须分析这份记录,重新反思每天的日程表并修正更新。

——《卓有成效的管理者》
(*The Effective Executive*)

舍弃没必要做的工作

必须找出并舍弃完全没必要做以及浪费时间的工作。最好想一下如果整个工作都不做的话会有什么后果。如果答案是什么影响都没有的话,那就应该直接舍弃这个工作。

——《卓有成效的管理者》
(*The Effective Executive*)

对没用的工作说"不"

忙碌的人们做了太多没必要的事情,多到足够令你惊讶。虽然人们既不期待也不擅长,但是每年都要忍受如古埃及洪水般频繁的演讲、晚宴、委员会和员工会。实际上应该向那些对自身、对自己的组织以及其他的组织毫无贡献的工作说"不"。

——《卓有成效的管理者》
(*The Effective Executive*)

把那些浪费时间的文件扔进废纸篓

不管地位和工作如何,就算你把费时的书信文件中的 1/4 扔进废纸篓也不会被人注意到。我还没见过因此被发觉的人。

——《卓有成效的管理者》
(*The Effective Executive*)

投入应做的工作中

平日所说的权限转交的意思实际上是错误的,容易让人产生误解。权限转交并不是把自己应做的工作委托给别人,而是让别人做力所能及的事,从而使自己投入应做的工作中,这对于取得成果是非常重要的。

——《卓有成效的管理者》
(*The Effective Executive*)

你在掠夺别人的时间吗

我们甚至会浪费别人的时间。这虽然不易察觉,但是有简单的方法可以得知。问一下就可以了。只要定期问一下,我有没有做出对别人的工作毫无贡献而只是浪费时间的事情。不畏惧结果而勇于提出这样的问题是取得成果的条件。

——《卓有成效的管理者》
(*The Effective Executive*)

至少需要一个小时来传达你的想法

传达某件事情,是需要一定时间的。你以为用 15 分钟就能和部下谈论计划、方向和工作状态,其实那只不过是你单方面的想法。如果想要让对方了解某件重要的事情,或者想要改变某件事的话,你需要一个小时。

——《卓有成效的管理者》
(*The Effective Executive*)

仔细倾听

在取得成果的组织里,最高管理者甚至会有意识地腾出时间仔细地倾听新员工回答以下问题:关于你的工作我应该知道些什么、你对组织有没有什么看法、我们在哪些方面没有发掘机会、在哪些方面没有察觉到危险、有没有想问我的事情。

——《卓有成效的管理者》
(*The Effective Executive*)

轻松自在的谈话是捷径

正因为组织内部的谈话必须轻松愉快地进行,所以需要大量的时间。一定要让人觉得轻松自在,这才是捷径。

——《卓有成效的管理者》
(*The Effective Executive*)

当共同工作的人越多时

如果在工作关系里掺杂上人事关系的话,时间就变得尤为重要,操之过急会产生摩擦。所有的组织都必须协调工作关系和人事关系。共同工作的人越多,仅在两者的相互作用上耗费的时间一项就会越多。而分配在工作、成果和业绩上的时间就会相应地减少。

——《卓有成效的管理者》
(*The Effective Executive*)

零碎的时间没有意义

大部分工作即使要取得一点点成果,也需要相当集中的时间,零碎的时间没有意义。

——《卓有成效的管理者》
(*The Effective Executive*)

创造集中时间的方法

有些人,尤其是中年人每周都有一天在家里工作,编辑和研究人员就经常这样安排他们的时间。有些人每周有两天用于会议和商谈等的日常工作,比如周一和周五,在其他的日子特别是上午期间,对重要问题进行集中持续的商讨。

——《卓有成效的管理者》
(*The Effective Executive*)

掌握你的时间

"人贵有自知之明"这句至理名言,一般人几乎是难以做到的。但是,对于掌握你的时间,只要你愿意,人人都能做到的。自然而然地谁都可以做出贡献和取得成果。

——《卓有成效的管理者》
(*The Effective Executive*)

第14章

第二人生

历史上,第一次人类比组织存在更长久,因此出现了前所未有的问题——如何对待第二人生。

——《21世纪的管理挑战》
(*Management Challenges for the 21st Century*)

劳动者比组织存在更长久

　　社会一直把两件事情当作理所当然。第一件是组织比组织内的劳动者存在更长久。第二件是组织内的劳动者被组织牵制。与此相对,所谓的自我管理则是立于相反的现实之上——劳动者比组织存在得更长久,可以自由流动。

——《21世纪的管理挑战》
(*Management Challenges for the 21st Century*)

第一人生的尽头

如果顺利地活到 45 岁或者 50 岁,那么身心就同时达到鼎盛。这些人对工作的厌倦是因为在第一人生中无论是对他人的贡献还是自我成长都已经走到了尽头,并且他们深知此事。

——《不连续的时代》
（*The Age of Discontinuity*）

因第二人生而再次成长

在工作上感觉不到挑战的人,他们就不会有所发展了,的确在现在的工作上可能不会再有发展了。但是,要是有能力且身体健康的话,只要换了工作就可以再次发展。比起为了逃避对工作的不满和厌倦而喝酒、逢场作戏甚至接受心理咨询治疗,第二人生可能要有趣得多。

——《不连续的时代》
(*The Age of Discontinuity*)

老了仍可以做最优秀的工作

人们老去的方式都不尽相同。有的人即使不能精力充沛地工作,但是判断力却没有失常,反而比 20 年前更能明智地做出决策。作为一个劝言者,随着年龄的增长而抛却欲望,并且兼具智慧和爱心的话,也会做出最优秀的工作。

——《不连续的时代》
(*The Age of Discontinuity*)

解决问题的三种方法

有三种方法能够帮助解决问题。第一种方法是拥有像我所说的第二人生,哪怕只是改变一下组织也好。第二种方法是拥有第二工作,也就是说在有了自己本职工作的同时还涉及另一个领域。第三种方法是成为社会创业者。虽然喜欢工作,但已经没有了激情,这样即使继续工作,也会逐渐减少工作时间,并开始从事新的工作,特别是非营利的工作。

——《21 世纪的管理挑战》
(*Management Challenges for the 21st Century*)

把组织看作人生全部会有哪些弊害

因为眼里只有工作,把组织作为人生的全部而紧抓住组织。为了推迟令他们感到空虚且恐惧的退休生活,即使妨碍年轻人的发展,也要使自己成为不可或缺的存在。

——《管理的实践》
(*The Practice of Management*)

如果只会工作的话

如果只会工作的话,问题就产生了。脑力劳动者在年轻的时候,必须先做好参加非竞争性生活和社区活动的准备。还需要参加社区的志愿者活动以及当地的管弦乐队、做小镇的公职或是培养工作以外的兴趣。

——《下一个社会的管理》
(*Managing in the Next Society*)

成为优秀的人的意义

在这个知识社会,人们都认为成功是理所当然的。但是不可能每个人都成功,最多是不失败而已,有成功的人就有失败的人。因此,对于每个人和他的家人来说,做些贡献和有意义的事并成为出类拔萃的人具有决定性的重要意义。

——《21世纪的管理挑战》
(*Management Challenges for the 21st Century*)

一直拥有成功的机会

拥有第二人生、第二工作或是社会创业者式的工作,并有工作之外的兴趣,这样的人在社会上担任了领导性的角色、受人尊敬并能得到成功的机会。

——《21 世纪的管理挑战》
(*Management Challenges for the 21st Century*)

拥有第二人生的唯一条件

要拥有第二人生,只需一个条件,即必须早在真正下决心之前就开始准备。

——《21 世纪的管理挑战》
(*Management Challenges for the 21st Century*)

编译者后记

德鲁克先生委托我编辑这本名言集已是一年前的事情了。我收集了7 000多条名言，又从其中以"社会成员及其工作"为主题遴选了约200条集结编成了此书。

很多人都会边阅读边标记德鲁克的良言妙语，或是摘录到笔记本上，留到几年甚至几十年以后重读反思。德鲁克的魅力不仅仅在于教会了人们什么东西，而且在于为人们明确地指出引人深思的东西，以及由此引发的人们的行为。

为了使文章简单明了，我再次翻译了本书。在各位朋友的大力支持下我完成了这本书的出版。同时出版的还有《卓有成效的组织管理》《卓有成效的变革管理》《卓有成效的社会管理》，如果能够如各位所愿，让更多的人与德鲁克为友，那么这将会是无比喜悦的事情。

在此，向给予我这次机会的德鲁克教授、钻石社的御立英史先生、中嶋秀喜先生、小川敦行先生献上我由衷的谢意！

上田惇生
2003年夏

读经典原著,体悟原汁原味的德鲁克

中英文双语版 全套精装

畅销20年,风靡36个国家德鲁克作品精选 荷兰进口轻型纸印刷 携带轻便

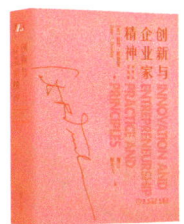

创新与企业家精神(中英文双语版)
有关创新和创业实践的经典之作,探讨创新的原则,创新的机会,将创意发展为可行性事业所需注意的原则和禁忌

卓有成效的管理者(中英文双语版)
管理者如何做到卓有成效,德鲁克最畅销的作品之一,全球销售1000余万册,职场人案头必备

管理的实践(中英文双语版)
开创管理"学科"的奠基之作,德鲁克因此书被称为"现代管理学之父"

21世纪的管理挑战(中英文双语版)
从6大方面深刻分析了管理者和知识工作者在21世纪面临的挑战

解—读—德—鲁—克—系—列

掌握德鲁克管理思想精髓的快速入门手册

○ 那国毅 德鲁克的中国学生

《百年德鲁克(第2版)》
作为德鲁克的学生,那国毅先生在本书中阐述了自己对大师思想和代表性作品的诠释与解读

○ 约瑟夫 A.马治列洛(Joseph A.Maciariello)
与德鲁克共事26年 全球权威德鲁克思想研究专家

《失落的管理艺术》
从人文视角分析管理难题,倡导管理者将社会看作一个生态系统,用管理的力量实现整个社会的可持续发展

《卓有成效的领导者:德鲁克52周教练指南》
将德鲁克的思想转化成可在52周实际执行的领导课程,帮助读者在企业管理实践中自如运用

○ 威廉·科恩(William A. Cohen)
德鲁克博士项目第一批毕业生,美军少将

《德鲁克的自我发展智慧》
重要的是,知识工作者,在人到中年之时,已经把自己培养成一个'人',而不是税务师或水利工程师

《德鲁克的十七堂管理课》
需要什么样的素质我们才能成为高效的领导者,为什么"人人都知道"的东西却往往是错误的,如何将德鲁克思想应用于管理实践

○ 上田惇生
与德鲁克相交多年的友人
日本研究德鲁克的顶级权威学者

《卓有成效的变革管理》
《卓有成效的个人管理》
《卓有成效的社会管理》
《卓有成效的组织管理》
一日一读,德鲁克经典管理思想语录集

彼得·德鲁克全集

序号	书名	序号	书名
1	工业人的未来The Future of Industrial Man	21 ☆	迈向经济新纪元Toward the Next Economics and Other Essays
2	公司的概念Concept of the Corporation	22 ☆	时代变局中的管理者The Changing World of the Executive
3	新社会 The New Society：The Anatomy of Industrial Order	23	最后的完美世界The Last of All Possible Worlds
4	管理的实践 The Practice of Management	24	行善的诱惑The Temptation to Do Good
5	已经发生的未来Landmarks of Tomorrow：A Report on the New "Post-Modern" World	25	创新与企业家精神Innovation and Entrepreneurship
6	为成果而管理 Managing for Results	26	管理前沿The Frontiers of Management
7	卓有成效的管理者The Effective Executive	27	管理新现实The New Realities
8 ☆	不连续的时代The Age of Discontinuity	28	非营利组织的管理Managing the Non-Profit Organization
9 ☆	面向未来的管理者Preparing Tomorrow's Business Leaders Today	29	管理未来Managing for the Future
10 ☆	技术与管理Technology，Management and Society	30 ☆	生态愿景The Ecological Vision
11 ☆	人与商业Men，Ideas，and Politics	31 ☆	知识社会Post-Capitalist Society
12	管理：使命、责任、实践（实践篇）	32	巨变时代的管理Managing in a Time of Great Change
13	管理：使命、责任、实践（使命篇）	33	德鲁克看中国与日本：德鲁克对话"日本商业圣手"中内功Drucker on Asia
14	管理：使命、责任、实践（责任篇） Management: Tasks,Responsibilities,Practices	34	德鲁克论管理Peter Drucker on the Profession of Management
15	养老金革命The Pension Fund Revolution	35	21世纪的管理挑战Management Challenges for the 21st Century
16	人与绩效：德鲁克论管理精华People and Performance	36	德鲁克管理思想精要The Essential Drucker
17 ☆	认识管理An Introductory View of Management	37	下一个社会的管理Managing in the Next Society
18	德鲁克经典管理案例解析（纪念版）Management Cases(Revised Edition)	38	功能社会：德鲁克自选集A Functioning Society
19	旁观者：管理大师德鲁克回忆录Adventures of a Bystander	39 ☆	德鲁克演讲实录The Drucker Lectures
20	动荡时代的管理Managing in Turbulent Times	40	管理(原书修订版)Management (Revised Edition)
注：序号有标记的书是新增引进翻译出版的作品		41	卓有成效管理者的实践（纪念版）The Effective Executive in Action